ellermann

In dieser Reihe sind bisher erschienen:
Fantastische Vorlesegeschichten – Hexen, Drachen, Zauberer
Kuschelige Vorlesegeschichten – Träume, Sterne, Regentage
Lustige Vorlesegeschichten – Flausen, Faxen, Firlefanz
Wilde Vorlesegeschichten – Piraten, Ritter, Räuberbanden
Zauberhafte Vorlesegeschichten – Prinzessinnen, Feen, Meerjungfrauen
Weihnachtliche Vorlesegeschichten – Sterne, Engel, Schlittenfahrten

Originalausgabe
© 2017 Dressler Verlag GmbH, Poppenbütteler Chaussee 53, 22397 Hamburg
ellermann im Dressler Verlag · Hamburg
Alle Rechte vorbehalten
Einband und farbige Illustrationen von Katrin Oertel
Druck und Bindung: Livonia Print SIA, Ventspils iela 50, LV-1002, Riga, Lettland
Printed 2017
ISBN 978-3-7707-2735-3

www.ellermann.de

Sandra Grimm

Starke Vorlesegeschichten

Helden, Freunde, große Taten

Bilder von Katrin Oertel

ellermann im Dressler Verlag GmbH · Hamburg

Die Vorlese-Mitmach-Reihe

Vorlesen heißt in kleinen Geschichten die Welt entdecken. Vorlesen heißt Nähe und Geborgenheit genießen; und ganz nebenbei die kindliche Sprachentwicklung fördern. Dabei macht es Kindern Spaß, über das Gehörte zu sprechen, etwas auf Bildern wiederzuentdecken oder ihre Helden nachzuahmen. Sie wollen erzählen, entdecken und aktiv werden. Deshalb finden Sie in diesem Buch viele lustige Ideen zum Mitmachen.

Erzählen! – Rätselfragen und Gesprächsanlässe
Die Fragen mit der Sprechblase als Symbol laden zum Erzählen ein. Bei der Beantwortung geht es nie um ein richtig oder falsch, sondern immer darum, mit den Kindern ins Gespräch zu kommen und ihren eigenen Gedanken Raum zu geben.

Entdecken! – Suchbilder und mehr
Die Fragen und Ideen mit der Lupe als Symbol laden zum genauen Hingucken, zum Suchen und Entdecken ein. Bei manchen Fragen geht es darum, das Gehörte in den Bildern wiederzuentdecken. Andere Fragen erzählen die Geschichten weiter und beflügeln so die Fantasie.

Aktiv werden! – Kleine Bewegungsspiele und Aktionsideen
Die Ideen mit der Hand als Symbol regen zum Aktivwerden an: zum Spielen, Bewegen, Lachen und Sachen machen. Kinder können ihren Helden zum Beispiel durch ein Klatschen zu Hilfe kommen und werden so Teil der Geschichte.

Und für alle, die noch mehr wollen, gibt es am Ende jeder Geschichte eine besondere Aktionsidee. Sie erkennen sie an diesem Schild:

Mal ist diese Idee **ein Rezept**, mal **eine Bastelidee** oder **ein Spiel**. So können Sie gemeinsam noch etwas länger in der Geschichte bleiben.

Jedes Kind ist anders ...

... und kann unterschiedlich lange zuhören. Deshalb sind die Geschichten in diesem Buch unterschiedlich lang. Die Fragen und Ideen zum Mitmachen eignen sich vor allem bei jüngeren Kindern gut dazu, sie wieder in die Geschichte zu holen.

... und hat seinen eigenen Kopf. Wählen Sie deshalb die Fragen und Mitmach-Ideen je nach Zuhörer aus. An den unterschiedlichen Symbolen erkennen Sie schnell, um was für eine Art von Frage es sich handelt.

... und jeder Vorleser auch. Entscheiden Sie selbst, ob Sie die Fragen vorlesen oder in eigene Worte fassen.

... und jede Vorlesesituation auch. Sie haben viel oder wenig Zeit, sitzen auf dem Sofa oder liegen schon im Bett. Deshalb bleibt es ganz Ihnen überlassen, wie viele und welche Fragen oder Aufgaben Sie stellen möchten. Die Geschichten können auch ganz ohne Fragen vorgelesen werden.

Inhaltsverzeichnis

 Supermann und die schnellen Libellen **8**

 Wenn der kleine Tiger faucht **15**

 Die mutige Wette **22**

 Zusammen ist es leichter! **27**

 Du kennst mich doch gar nicht! **34**

39 So viele Monster!

47 Stück für Stück zum Hexenglück

56 Die Mutprobe

64 Der kleine Wassermann und die fiese Dunkelheit

70 Willi macht's anders!

Supermann und die schnellen Libellen

Supermanns Umhang flatterte im Wind, als er zu der hohen Tanne hinabschoss, in der ein kleiner Junge um Hilfe schrie. Supermann stoppte genau vor ihm. Der Junge klammerte sich ängstlich an einen dicken Ast.

Worauf bist du schon mal geklettert?

»Hallo«, sagte Supermann freundlich. »Kommst du nicht mehr runter?«

Der Junge schüttelte den Kopf. »Rauf war viel einfacher«, flüsterte er.

Supermann lächelte. Er nahm den Jungen auf die Arme und brachte ihn sicher auf den Boden zurück.

»Danke, Supermann, vielen Dank«, sagte die Mutter des Jungen, die ihren Sohn glücklich in die Arme schloss.

»Gern geschehe-aah!«, rief Supermann. Er zuckte mit dem Kopf hin und her und sprang ein Stück zur Seite. »Blöde Libelle«, murmelte er. Dann sah er sich um. Hoffentlich hatte das keiner gesehen! Aber die Mama und der Junge umarmten sich glücklich und hatten nichts bemerkt. Supermann winkte noch einmal, dann flog er davon. Dabei achtete er sehr darauf, in eine andere Richtung zu fliegen als die Libelle. Er schüttelte sich. Gewitter, Bären, Kanonenkugeln – nichts konnte ihm Angst einjagen. Außer Libellen. Was für fürchterliche Dinger das waren mit ihren riesigen Augen und diesen unglaublich vielen Flügeln! Wenn er an ihr Surren dachte,

Surr einmal laut!

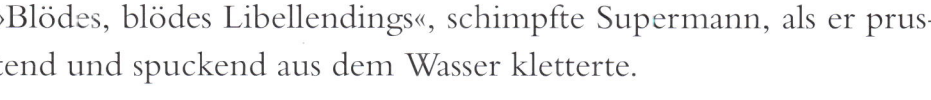

bekam er schon eine Gänsehaut! »Tief durchatmen, Supermann!«, sprach er sich selbst Mut zu.

Supermann lauschte kurz, ob ihn jemand rief. Nein, gerade war alles ruhig. Gemütlich flog er über hübsche rote Hausdächer und betrachtete die Planschbecken, die bei diesem herrlichen Sommerwetter in fast jedem Garten standen. Er lauschte dem Schwirren seines Umhangs – aber Moment mal! »Mein Umhang schwirrt doch gar nicht«, murmelte er und sah zur Seite. Dann sah er sie. »Hilfe! Eine Libelle!« Supermann wich zurück. Sein Umhang wehte ihm vor das Gesicht. Er konnte nicht mehr sehen, wohin er flog, und landete – PLATSCH! – in einem der vielen Swimmingpools.

»Blödes, blödes Libellendings«, schimpfte Supermann, als er prustend und spuckend aus dem Wasser kletterte.

Wie klingt das wohl? Lach einmal mit einer hellen Stimme und einmal mit einer dunklen Stimme!

»Hihihi!«, hörte er eine helle Stimme. »Hihi!«
Supermann drehte sich um. Die Stimme gehörte der kleinen Anna.
»Du bist ganz nass«, sagte sie kichernd.
Supermann wurde rot. »Ich bin, äh … ich wollte hinunter, um, äh …«
»Du bist abgestürzt«, stellte Anna fest. »Warum?«
Supermann legte den Finger auf die Lippen. »Pst! Ich sag es dir. Aber erzähl es nicht weiter, ja?« Er sah sich verschwörerisch um.
Anna nickte.
»Mich hat eine Libelle erschreckt«, sagte Supermann leise.
»Eine Libelle?«, fragte Anna erstaunt.

PLATSCH!

Supermann nickte. »Ja, du weißt schon. Diese fürchterlichen Dinger mit den Riesenaugen und den vielen Flügeln!«

Anna machte große Augen. »Meinst du einen Hubschrauber? Der dich angegriffen hat?«

Supermann runzelte die Stirn. »Nein, ich meine eine Libelle«, knurrte er.

»Aber die haben doch keine Riesenaugen. Die sind klein und hübsch, und außerdem haben sie nur vier Flügel.«

»Nur vier?«, fragte Supermann. »Bist du sicher?«

»Ja, warte«, rief Anna und sauste davon. Nach einer Weile kam sie wieder und hielt die Hände übereinander.

Supermann sah sie neugierig an. Anna hob ihre obere Hand. Auf ihrer unteren Hand glitzerten vier lange Flügel im Sonnenlicht. Die lange blaue Libelle hielt kurz inne, dann flog sie davon.

»Hilfe!«, japste Supermann und wich so hektisch aus, dass er zum zweiten Mal in den Pool fiel. PLATSCH!

Überleg einmal: Was kann man am Himmel noch entdecken?

Hast du schon einmal eine Libelle gesehen? Wie groß war sie?

Anna lachte. »Komm mit«, meinte sie. »Ich zeige dir noch mehr schöne Libellen. Die sind gar nicht gefährlich. Versprochen!«

Supermann sah staunend zu, wie dieses mutige kleine Mädchen mit einem Glas zu einem Teich am Ende des Gartens lief und sogleich eine Libelle fand. Es gelang Anna, die Libelle vorsichtig im Glas zu fangen.

»Du bist so mutig!«, flüsterte Supermann beeindruckt.

Gemeinsam schauten sie die Libelle an. Supermann musste zugeben, dass sie wirklich ganz hübsch war!

»Wenn du morgen wiederkommst, zeige ich dir eine andere«, schlug Anna vor.

Und das tat Supermann. Regelmäßig flog er zu Anna, die ihm stets eine neue Libelle zeigte. Große, kleine, grüne, blaue – es gab so viele verschiedene! Schon bald fand Supermann sie gar nicht mehr so gruselig. Auf die Hand nehmen wollte er sie nicht, aber er konnte nun stillhalten, wenn eine um ihn herumflog. Und sogar als eine Libelle auf seinem Mantel landete, lächelte er nur.

Nach zwei Wochen landete er das erste Mal nicht mehr vor lauter Schreck in einem Pool, wenn er in der Luft eine Libelle entdeckte.

»Du bist sehr mutig!«, lobte Anna ihn.

Supermann lächelte. »Nein, Anna. Du bist mutig. Anstatt ängstlich wegzulaufen, schaust du dir die Libellen einfach an und lernst sie kennen. Deshalb wusstest du, dass du gar keine Furcht haben musst. Das finde ich toll.«

Supermann spitzte die Ohren. »Oh, da ist ein Ruderboot im Fluss umgekippt, ich muss schnell mal helfen.« Er winkte und sauste wie ein Blitz davon.

Wie viele Libellen entdeckst du hier?

Anna sah ihm hinterher. Dann beschloss sie, sich jetzt mal die Spinne vor ihrem Kinderzimmerfenster ganz genau anzusehen. Vor der hatte *sie* nämlich Angst. Und wenn Supermann seine Angst besiegen konnte, konnte sie das ja wohl auch.

Wo hat die Spinne sich versteckt?

Dein Libellen-Freund

Du hast bestimmt keine Angst vor Libellen, nicht wahr? Bastle dir einen bunten Vierflügler und hänge ihn vor dein Fenster!

Du brauchst

Eine Wäscheklammer aus Holz
Einen Stift oder zwei selbstklebende Wackelaugen
Einen Pfeifenreiniger
Ein Stück Bindfaden zum Aufhängen

So wird's gemacht

Schneide den Pfeifenreiniger in zwei Hälften. Nun malst du große Libellenaugen vorne auf die Wäscheklammer – oder klebst die Wackelaugen auf. Öffne die Wäscheklammer und stecke einen Pfeifenreiniger in die hintere Mulde und einen in die vordere. Schließe die Klammer. Fädle nun noch den Faden durch die Metallöse der Klammer. Jetzt kannst du deine Libelle aufhängen!

Wenn der kleine Tiger faucht

»Fang mich!«, ruft der kleine Tiger. Tapsig springt er von einem Stein zum anderen über den Fluss. Das Chamäleon sitzt auf einem Baum am Ufer und schaut ihm zu.

»Sehr lustig«, sagt es beleidigt. »Du bist das schnellste Tier hier. Als ob ich dich fangen könnte!«

Der kleine Tiger sieht seinen Freund herausfordernd an. »Na, komm, versuch es doch wenigstens. Fang mich!«

Das Chamäleon streckt ihm seine lange Zunge heraus. Der kleine Tiger muss so lachen, dass er ins Wasser plumpst. Kichernd klettert er wieder heraus und schüttelt sich, dass die Tropfen nur so fliegen.

»He, hast du Lust, mit mir zu baden?«, ruft er dem Chamäleon zu. Doch nanu? Das Chamäleon hat seine Farbe gewechselt und ist auf dem Baum kaum noch zu erkennen. Der kleine Tiger wundert sich. Das macht es doch nur, wenn es gefährlich wird. Oder will es Verstecken spielen?

Da taucht im Wasser etwas Dunkles auf. »*Ich* fang dich gleich, du Knirps«, brummt das alte Krokodil den kleinen Tiger an. »Verschwinde hier, du verjagst mir die Beute!«

Erschrocken springt der kleine Tiger zurück ans Ufer. Er macht sich ganz klein und klemmt seinen gelb-schwarzen Schwanz zwischen die Beine. »Ja, natürlich, entschuldige!«, sagt er leise und schleicht langsam rückwärts in den dichten Dschungel. Dort legt

Kannst du von einem Bein auf das andere springen?

Kannst du das Chamäleon entdecken?

er sich auf einen morschen Baumstamm in die Sonne und wartet auf seinen Freund.

»Du hättest den alten Griesgram anfauchen sollen«, meint das Chamäleon, als es nach einer Weile bei ihm ankommt.

»Nein, er ist viel größer als ich«, sagt der Tiger traurig. »Irgendwie sind immer alle viel größer als ich.« Betrübt betrachtet er seine kleine Tatze. Da hört er ein Geräusch unter sich. Es kommt aus dem Baumstamm. Neugierig steckt er seine Tigernase hinein. »Huhu!«, ruft er.

»Was fällt dir ein, du blödes Tigervieh!« Eine grüne Schlange schießt zischelnd aus dem Stamm hervor. Ängstlich weicht der kleine Tiger zurück und zieht seinen Schwanz ein. »Ich hab doch gar nichts gemacht«, sagt er.

»Du hast mich aufgeweckt!«, zischt die Schlange. »Mach, dass du fortkommst!«

Eilig läuft der Tiger noch tiefer in den Dschungel. Erst auf der nächsten Lichtung hält er an.

»Lauf nicht immer weg«, sagt das Chamäleon, nachdem es ihn end-

Kannst du sehen, was für ein Tier es ist?

lich wieder eingeholt hat. »Tiger sind die Könige hier im Dschungel. Niemand sollte dich ärgern!«

Der kleine Tiger seufzt. »Niemand sollte überhaupt irgendjemanden ärgern«, findet er. Da fällt ihm ein Zweig mit Blättern auf den Kopf.

»Hahaha«, ertönt es aus den Bäumen. »Hört euch den an! König des Dschungels!« Drei kleine Affen schwingen sich durch die Äste. Sie kreischen und werfen noch mehr Zweige, bis der kleine Tiger ganz unter Blättern und Zweigen verschwunden ist. Dann erst huschen die Affen wieder in die dichten Blätterdächer.

Das Chamäleon kriecht langsam zum kleinen Tiger unter den Blätterhaufen. Ganz klein liegt der Tiger im Dunkeln, seinen Schwanz hat er fest eingerollt.

»Ich bleibe hier drin«, beschließt der Tiger. »Das ist ein gutes Versteck.«

Hast du schon einmal Affen in einem Zoo gesehen?

Mach dich so klein wie der Tiger!

»Aber nein«, sagt das Chamäleon. »Komm heraus. Du bist stark, kleiner Tiger.«

»Nein, bin ich nicht«, jammert der Tiger.

»Doch, du weißt es nur nicht. Du musst dich groß machen. Stell dich gerade hin. Sieh den Tieren fest in die Augen und fauche sie an. Sag ihnen laut, wenn sie dich schlecht behandeln. Niemand darf so mit dir reden. Komm heraus, wir üben es einmal!«

Der kleine Tiger stellt sich vor, wie er sich groß macht und laut faucht. Das gefällt ihm. Er befreit sich aus dem Blätterhaufen und faucht leise.

»Gut, weiter so!«, lobt ihn das Chamäleon.

Der Tiger brüllt: »Ich bin groß und stark!«

»Nein, bist du nicht!«, antwortet es kichernd aus den Baumkronen. Die drei Affen sind zurückgekommen und lassen sich vor ihm auf den Boden fallen. Einer von ihnen pikt dem Tiger kräftig in die Nase. Das tut weh!

Jetzt reicht es dem kleinen Tiger. Egal, ob er stärker ist oder nicht, nun sagt er denen die Meinung! Er reckt den Kopf und macht sich groß, so groß er nur kann. Dann sieht er die Affen direkt an, holt tief Luft und faucht sehr laut: »Chrrr!«

Mach mit und fauche tigerlaut!

Die Affen ziehen verblüfft die Köpfe ein.
»Hört auf, mich zu ärgern!«, sagt der Tiger laut.
Dann dreht er sich um, lächelt seinen kleinen grünen Chamäleon-Freund stolz an und geht langsam mit ihm davon.
Die Affen sind ganz still. Erstaunt sehen sie sich an. Dann verschwinden sie im Dickicht.
»Das hast du sehr gut gemacht«, findet das Chamäleon.
»Das finde ich auch«, sagt der Tiger.
Von da an übt er das Fauchen jeden Tag. Er faucht, so laut er kann, und übt, stark auszusehen und mutig zu gucken. Von Tag zu Tag

wird er mutiger. Und von Tag zu Tag lassen ihn die anderen Tiere mehr in Ruhe.

»Der wird allmählich zum Tiger«, wispern sie.

Ja, der kleine Tiger fühlt sich jetzt wirklich wie ein Tiger. Und den Schwanz zieht er ganz bestimmt nicht mehr ein!

Wie sieht der Tiger wohl aus, wenn er mutig dasteht? Zeig mal!

Du bist ein Muskelchampion!

Zeig allen, wie stark du bist, und mache ein Bild von dir als Muskelchampion!

Du brauchst
Kreide
Hilfe von einem Größeren

So wird's gemacht
Stell dich vor eine Außenwand, an die man mit Kreide malen darf. Du kannst dir auch eine Stelle auf dem Boden suchen – vor eurer Haustür oder auf dem Spielplatz. Hebe die Arme und winkle sie wie ein Muskelchampion an, der seine Muskeln zeigt. Nun malt dein Helfer deine Umrisse nach. Bei den Oberarmen fügt er einen dicken Muskelberg hinzu. Wenn du jetzt weggehst und an die Wand oder auf den Boden schaust – siehst du dann, wie stark du bist?

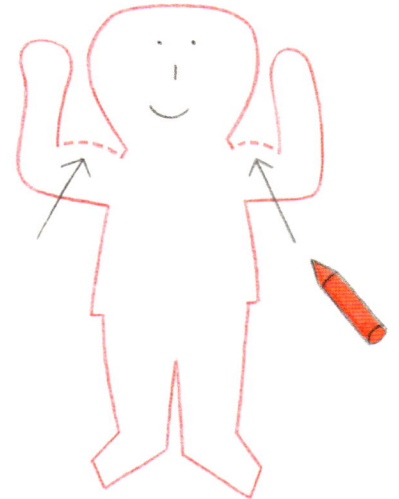

Die mutige Wette

Dein Zeigefinger ist die kleine Ameise. Muss dein Vorleser lachen, wenn sie an seinem Hals krabbelt?

Die kleine Ameise Anton hat die Nase voll. Immer wieder kommt der große Bär auf seinem Weg durch den Wald an ihrem Ameisenbau vorbei. Und jedes Mal trampelt er genau hinein.

»Das ist gemein«, findet Anton. »Es gibt genug Platz hier im Wald. Er kann doch woanders langgehen.«

Sogar die Ameisenkönigin hat den Bären schon gebeten, ihren Bau stehen zu lassen. Aber manche Tiere sind einfach blöd.

»Den Bären ändern wir nicht«, hat die Königin ihrem Volk erklärt. »Wir müssen uns besser verstecken.«

Aber Anton will sich nicht verstecken. Der wunderschöne Ameisenbau soll direkt in der Sonne stehen, mitten im Wald.

Eines Tages hört Anton von einem Käfer, dass der Bär gerne wettet. »Sehr gut«, findet Anton. »Wir wetten mit ihm. Wenn er verliert, muss er uns in Ruhe lassen.«

Als der Bär in der Nähe des Ameisenbaus ein Nickerchen macht, stellt sich Anton vor dem Gesicht des Bären auf. »Hey, Bär«, ruft er. »Wie wäre es mit einer Wette? Gewinnst du, zeige ich dir alle Honigverstecke, die ich kenne. Verlierst du aber, darfst du unseren Bau nie mehr kaputt machen.«

Der Bär öffnet die Augen. »Honig, sagst du?« Er ist neugierig geworden, denn er liebt Honig und Wetten. »Was ist denn die Wette?«

Was für Käfer kennst du?

Kannst du laut und brummig lachen wie ein Bär?

Anton lächelt. »Wir wetten, wer von uns der Stärkere ist. Jeder muss …«

Doch der Bär hört schon gar nicht mehr zu. Er ist sich sicher, dass er gewinnt, denn Bären sind die stärksten Tiere im Wald! Er lacht so laut, dass die Baumwipfel zittern. »Einverstanden.«

Anton sagt: »Jeder von uns soll ein Stück Holz tragen, das so groß und schwer ist wie er selbst. Ich fange an.« Anton schiebt sich unter einen kurzen Zweig. Denn eine Ameise ist leicht und ein kleiner Zweig so schwer wie sie selbst. Sie trägt ihn ein Stück und legt das Hölzchen wieder auf die Erde.

Der Bär lacht. »Jetzt gib mir das Holz.«

Anton schüttelt den Kopf. »Nein, du bist viel größer als ich. Das Holz, das du tragen musst, muss so groß und schwer sein wie du. Dieser dicke Baumstamm dort drüben, der ist perfekt für dich.« Anton zeigt auf einen Baum, der beim letzten Sturm umgekippt ist.

Der Bär läuft zu dem Baum und versucht, ihn anzuheben. Er schimpft und japst, doch der Stamm bewegt sich nicht. Schließlich gibt er auf. »Ich weiß nicht, wieso du Winzling so viel tragen kannst«, keucht er, »dabei bin ich doch eigentlich viel stärker als du!«

Anton grinst. »Also habe ich die Wette gewonnen!«

Der Bär brummt unwillig und nickt. »Na schön. Mir soll es recht sein. Ich suche mir ein anderes Plätzchen. Und morgen zeigst du mir den Honig.« Dann trottet er davon.

Die Ameisen aber jubeln ihrem kleinen Helden zu. »Du bist die stärkste und mutigste Ameise der Welt!«, rufen sie.

»Dafür erhältst du den goldenen Ameisenorden«, sagt die Ameisenkönigin.

Wie viele Beine hat eine Ameise? Zähl mal!

Anton freut sich. »Manchmal kann ein Kleiner stärker sein als ein Großer. Man muss nur schlau sein!« Und dann hilft er, mitten auf einer warmen, sonnigen Lichtung einen neuen, großen, ganz wunderbaren Ameisenhaufen zu bauen.

Die Ameisen haben Beeren heimgetragen. Wie viele findest du?

Gewimmel!

So stark bist du!

Manchmal ist es nicht entscheidend, wie viel Gewicht man heben kann, sondern ob man all seine Sachen gut balanciert – wie viel kannst du tragen?

Du brauchst
All deine Stofftiere

So wird's gemacht
Greife nach und nach all deine Kuscheltiere. Du kannst sie auf die Arme nehmen, zwischen die Beine oder unter das Kinn klemmen, auf deinen Kopf setzen oder in deinen Pullover stecken. Wie viele Stofftiere kannst du von deinem Zimmer bis in die Küche und zurück tragen? Du kannst auch mit jemandem um die Wette laufen – wer nach dem Küchenlauf noch am meisten Tiere festhält, hat gewonnen!

Zusammen ist es leichter!

Mieke hat Glück. Das findet zumindest Mama. Mieke hat nämlich doch noch einen Platz im Schwimmkurs bekommen. Sie kann heute anfangen.

Mieke findet eher, dass sie Pech hat. Sie tobt gerne im Wasser – aber den Kopf unter Wasser tauchen, das mag sie nicht. Und das muss man beim Schwimmkurs ganz bestimmt, da ist Mieke sich sicher.

Gegen drei Uhr packt Mama mit Mieke die Schwimmtasche und bringt sie mit dem Fahrrad zum Hallenbad. »Ich schau durch das Fenster zu«, verspricht Mama.

»Kannst du nicht mit reinkommen?«, fragt Mieke.

Aber das ist nicht erlaubt. Die Eltern bleiben draußen.

Bald sitzt Mieke mit vier anderen Kindern am Beckenrand. Sie kennt nur Timon, der mit ihr im Kindergarten ist. Und der ist auch noch ziemlich blöd.

»Hey, Mieke«, ruft er. »Kannst du noch nicht schwimmen?«

Mieke streckt ihm die Zunge raus.

»Du doch auch nicht«, sagt die Trainerin. Sie lächelt Mieke an. »Ich bin Suse. Und ich übe mit euch.«

Mieke lächelt zurück. Die sieht nett aus, die Suse!

Zuerst dürfen alle mit den Füßen strampeln und Suse nass machen. Das macht Spaß! Dann läuft Suse mit ihnen durch das Wasser. Sie

Warst du schon einmal im Schwimmbad? Gehst du gerne dorthin?

Hast du auch schon mal solche Schwimmübungen gemacht?

Wie Mieke wohl guckt? Zeig mal!

pusten auch ins Wasser, schieben das Wasser mit den Händen zur Seite und spielen Fangen. Mieke hat richtig Spaß – nur Timon stört. Er springt dauernd vom Beckenrand ins Wasser und spritzt alle nass. »Guckt mal, das traut ihr euch nicht!«, schreit er.
Angeber!, denkt Mieke.
Suse ermahnt ihn, und beim dritten Mal muss Timon eine Weile am Rand sitzen bleiben. »Gleich dürft ihr auch mal Springen vom Beckenrand üben«, verspricht Suse.
Mieke erschrickt, und es grummelt so komisch in ihrem Bauch. Sie soll springen?
Aber Suse reicht ihr aus dem Wasser die Hand. Da traut Mieke sich. Und es klappt gut! Einmal taucht dabei sogar ihr Kopf unter Wasser. Doch das findet Mieke gar nicht mehr so schlimm!
An diesem Abend ist Mieke sehr glücklich.
»Macht der Schwimmkurs Spaß?«, fragt Mama vorm Einschlafen.
Mieke nickt. Dann fallen ihr die Augen zu, denn Schwimmen macht sehr, sehr müde.

Mieke geht nun jede Woche schwimmen. Sie lernt, wie sie die Arme bewegen muss und die Beine. Schon bald kann sie mit einem Schwimmgürtel schwimmen und traut sich sogar in das tiefe Becken. Nach einer Weile kann sie sogar richtig tief tauchen und einen Ring vom Boden heraufholen.

Als Mieke ohne Schwimmgürtel schwimmen kann, sagt Suse: »Mieke, nächste Woche darfst du das Seepferdchen machen. Du musst nur von dem Startblock springen und einmal durch das Becken schwimmen. Und einen Ring hochholen. Das schaffst du!«

Ui, da ist Mieke sich gar nicht sicher! In ihrem Bauch grummelt es schon wieder. Sie möchte nicht von dem Startblock springen! Der ist viel höher als der Rand, von dem Mieke sonst springt. Mieke kriegt richtig Bauchweh vor lauter Sorgen.

»Ach, Mieke, das ist doch nicht schwer. Du musst dich nur trauen«, sagt Papa beim Abendbrot.

»Das ist viel zu hoch«, findet Mieke.

»Ach was. Hab ein bisschen Mut«, sagt Papa.

Welche Farben haben die Ringe?

Da wird Mieke aber wütend. »Ich habe schon die ganze Zeit Mut! Ich trau mich, zu tauchen und zu schwimmen und zu springen. Ich bin überhaupt die Mutigste hier!«

Papa hebt erstaunt die Augenbrauen.

Mieke sieht ihn trotzig an. »Wenn das so leicht ist, kannst du ja mitkommen. Dann springst du von dem hohen Turm und ich vom Block.«

Papa schaut sie verdutzt an und überlegt eine Weile.

Mieke weiß auch, warum. Der hohe Turm ist nämlich riesig. Da muss man eine lange Leiter hinaufklettern, bis man oben ist. Dafür braucht sogar Papa richtig viel Mut.

»Du hast recht«, findet Mama. »Wenn Papa denkt, dass du mutig sein sollst, muss er auch mutig sein.«

Mieke grinst. »Du aber auch, Mama. Du musst auch mit.«

Jetzt schaut Mama so verdutzt, dass Papa lachen muss.

Trainerin Suse ist einverstanden, dass Mama und Papa mitkommen. »Sie können allen meinen Schülern zeigen, wie das mit dem Mutigsein geht«, sagt sie fröhlich.

Mieke merkt ganz genau, wie langsam Mama zu dem Sprungturm geht. Wie eine Schnecke. Papa geht vor und klettert rasch die hohe Leiter hinauf. Als er aber oben steht, guckt er hinunter und macht gleich wieder einen Schritt rückwärts.

Suse winkt ihm. Das bedeutet, dass er jetzt springen darf. »Seht ihr, auch Erwachsene sind nicht immer mutig«, sagt Suse.

Mieke sieht, wie Papa oben auf dem Turm etwas zu Mama sagt. Da geht Mama nach vorn und blickt auf das Wasser hinunter. Sie

Auf den Turm hat sich noch ein kleines Tier geschlichen – entdeckst du es?

schaut zu Mieke und winkt. Aber sie lächelt nicht. Die hat auch Angst, denkt Mieke erstaunt.
Sie drückt Mama und Papa ganz fest die Daumen. Hoffentlich schaffen sie es!
Dann greift ihre Mama Papas Hand. Sie hält sich die Nase zu. Papa ruft »Eins, zwei, drei!«, und sie springen zusammen.
PLATSCH!

Hat dein Vorleser auch schon mal vor etwas Angst gehabt?

Das Wasser spritzt nach allen Seiten. Als Mama und Papa auftauchen, grinsen sie. Mieke klatscht wie verrückt. »Super!«, ruft sie und ist richtig stolz auf ihre Eltern.

Jetzt will sie auch mutig sein.

Mieke läuft zum Block und steigt hinauf. Hui, das ist aber doch ganz schön hoch! Timon stellt sich neben sie. »Na, traust du dich?«, fragt er.

Mieke zuckt mit den Schultern.

»Ich spring mit dir«, sagt Timon. Er klettert auf den zweiten Block. Der ist zwar etwas weiter weg, und Mieke kann nicht Timons Hand halten, aber es hilft trotzdem. Timon ruft: »Eins, zwei, drei!«, und springt.

Und Mieke springt auch.

Dann springt sie noch mal und noch mal und noch mal. Immer abwechselnd mit Timon, den sie jetzt gar nicht mehr so blöd findet. Nach dem Schwimmen loben Mama und Papa Mieke, weil sie so mutig war. Und Mieke lobt zurück, weil Mama und Papa ja auch mutig waren. Dann gehen sie ein Eis essen. Weil Schwimmen hungrig macht. Und weil sie sich das wirklich verdient haben!

Magst du auch Eis? Was ist deine Lieblingssorte?

Dein eigenes Schwimmabzeichen

Kannst du schon schwimmen? Vielleicht kennst du das Seepferdchen-Abzeichen oder hast es sogar schon? Heute darfst du dein eigenes Abzeichen erfinden. Jeder, der es geschafft hat, bekommt ein solches Abzeichen – auch Mama oder Papa!

Du brauchst
Ein oder mehrere Blätter Papier
Stifte
Einen Plastikbecher
Eine Schere

So wird's gemacht
Stelle den Becher auf das Papier und male mit einem Stift drum herum. In den entstandenen Kreis malst du dein Abzeichen – wie soll es heißen? Vielleicht »großer Wal«? Dann male einen Wal hinein und schneide den Kreis aus. Nun überlege dir, was man machen muss, um das Abzeichen zu bekommen. Vielleicht ins Wasser pusten, dass es nur so spritzt, wie ein Wal es kann? Oder sogar richtig tauchen? Du könntest auch den »kleinen Krebs« erfinden, bei dem man seitlich durch das Wasser laufen muss. Beim nächsten Schwimmbadbesuch wird das Abzeichen vergeben!

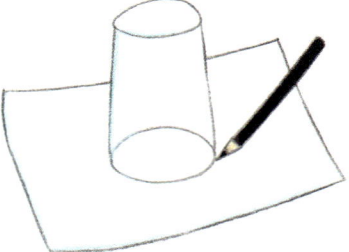
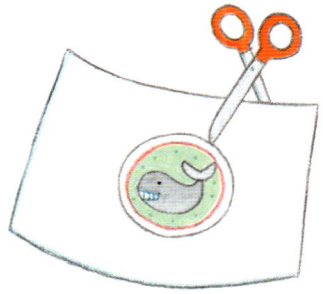

Du kennst mich doch gar nicht!

Nessli lässt sich durch einen Felsspalt in der Höhle das Mondlicht auf die Nase scheinen.

»Komm jetzt, Nessli«, bittet ihre Mama.

Doch das kleine Seeungeheuer schüttelt den Kopf. »Nein, ich will nicht.«

Ihre Mama sieht sie sorgenvoll an. »Aber Nessli. Jetzt, wo du größer wirst, brauchst du viel mehr blaue Silberbeeren. So viele kann ich nicht vom Seegrund mitbringen – du musst selber mitkommen und nach den Beeren suchen!«

Was ist dein Lieblingsessen?

Nesslis Magen knurrt. Sie liebt blaue Silberbeeren. Doch die wachsen nur tief im See. Ganz unten, wo der Schlamm am feinsten ist.

»Ich fürchte mich vor den kleinen Menschen, von denen Oma erzählt hat«, sagt Nessli.

Ihre Mama seufzt. »Nachts sind keine Menschen im See. Die müssen dann schlafen.«

Das glaubt Nessli nicht. »Ich bleibe hier!«, sagt sie und winkt ihrer Mama zum Abschied.

Nessli hat viel von den Menschen gehört. Es gibt ganz kleine von diesen Wesen. Die rennen wie verrückt herum, kreischen und wedeln hektisch mit den Armen!

Zeig mal, wie wild die kleinen Menschenkinder wohl herumgerannt sind!

»Die beißen bestimmt«, murmelt Nessli vor sich hin und verkriecht sich in ihre Schlafecke.

Es dauert nicht lange, bis Nessli einschläft.
Sie erwacht, als sie etwas an der Wange pikt.
»Du?«, sagt das Etwas. Nessli öffnet die Augen.
Ach du meine Güte, was ist denn das? Es hat keine Schuppen, sondern helle Haut und Haare ganz oben und sieht sehr merkwürdig aus. Und so klein! Das wird doch nicht etwa so ein Menschending sein? Nessli weicht zurück.
»Bist du ein Seeungeheuer?«, fragt der Winzling.
Nessli wispert: »Beiß mich nicht!«
Der Winzling kichert. Dabei wackelt sein kleiner Körper wie Seegras. Ob er Nessli jetzt anspringen wird?
»Ich beiß dich doch nicht«, sagt er.
Nessli nimmt all ihren Mut zusammen. »Ich mag dich nicht. Geh weg!«

Wie viele Flossen hat Nessli? Kannst du sie zählen?

Beiß mich nicht!

Da schiebt der Winzling seine Unterlippe nach vorn. »Du kennst mich doch gar nicht«, sagt er beleidigt. »Ich beiße nicht.«
Nessli überlegt. Die Krallen des Winzlings sind sehr kurz. Aber seine Zähne strahlen weiß und spitz!
»Ich bin nur ein Mensch«, sagt der Winzling. »Ich heiße Max und möchte mit dir spielen. Wenn du mich kennenlernst, magst du mich bestimmt.« Er lächelt. Dabei zeigt er noch mehr Zähne!
Nessli schaudert. Aber sie findet, dass das Ding recht hat. »Okay«, sagt sie. »Ich lern dich jetzt kennen. Aber wenn ich dich dann nicht mag, gehst du.«
Der kleine Max nickt. »Versprochen!«
Dann klettert er auf Nesslis Rücken. Das kitzelt! Nessli muss lachen. Max rutscht von ihrem Rücken und stupst sie an die Nase. Nessli beginnt, ihn nett zu finden.
Dann reißt Max seinen Mund weit auf, und Nessli kann all seine Zähne sehen. Doch sie weiß jetzt, dass der kleine Mensch sie nicht beißen will. Er gähnt nur. »Ich bin müde!«, sagt Max. Er tappt den Gang entlang, der aus der Höhle hinausführt.
Nessli sieht zum Felsspalt hinauf. Der Mond steht schon hoch am

Der kleine Max hat eine Zahnlücke! Hast du auch schon einen Wackelzahn?

Himmel. Der arme Winzling muss jetzt sicher schlafen! Nessli lächelt. Ob er morgen Nacht wiederkommen wird? Hoffentlich! Dann gleitet Nessli ins Wasserloch. Sie hat Hunger! Jetzt wird sie durch den unterirdischen Tunnel zum See schwimmen. Vor den Winzlingen hat sie keine Angst mehr. Manchmal muss man etwas erst einmal kennenlernen, um zu wissen, ob man sich davor fürchten soll.

Findest du die Silberbeeren? Wo sind sie versteckt?

Mmh, leckere Silberbeeren!

Echte Silberbeeren können wir Menschen nicht bekommen – aber du kannst trotzdem blaue Beeren vom Seegrund holen!

Du brauchst
Eine Schüssel mit etwas Wasser
Blaubeeren (oder andere Beeren)
Einen erwachsenen Zuschauer (für die Sicherheit)

So wird's gemacht
Schütte ein paar Blaubeeren in das Wasser. Nun musst du die Beeren mit dem Mund einsammeln, so wie Nessli! Nicht die Hände zu Hilfe nehmen! Schaffst du es, ein paar Beeren aus dem See zu holen?

← Sicherheit!

So viele Monster!

Onno und Elsa müssen ins Bett. Es ist schon dunkel, und kleine Monster müssen dann nun mal schlafen gehen, auch wenn sie lieber herumtollen würden. Maulend steigen die Geschwister die Treppe zu ihrem Turmzimmer hinauf. Dort legen sie sich in ihre großen Monsternester, und Papa deckt sie zu. Durchs runde Turmfenster scheint der Mond.
»Papa, ich kann nicht schlafen«, sagt Onno und zittert am ganzen blauen Zottelkörper. »Ich habe Angst!«
Papa streicht ihm über den Kopf. »Aber wovor denn?«
Onno springt aus dem Bett. »Schau, draußen auf der Wiese sind lauter kleine Trolle, die klettern heute Nacht bestimmt an unserem Turm hinauf!«
Sein Papa schaut auch aus dem Fenster. Er runzelt die Stirn. Dann rennt er hinaus. Elsa und Onno hören, wie er die Stufen hinunterspringt. Sie gucken sich verdutzt an. Was hat er nur vor? Kurz darauf hören sie ein Brüllen von draußen. »Uaaah!« Elsa und Onno schauen aus dem Fenster. Dort rennt Papa von einem Troll zum nächsten, schnappt sie und klemmt sie sich unter den Arm.

Welches Fenster gehört zum Kinderzimmer?

Fürchtest du dich auch abends? Wovor?

Auf dieser Buchseite flitzen auch neun Wesen herum – findest du sie alle?

Als er alle – es sind immerhin neun Stück! – erwischt hat, trägt er sie zum Fluss. Onno und Elsa sehen, wie er sie ins Wasser wirft.

»Ich dachte eigentlich, es sind nur Grasbüschel, die im Mondlicht wie Trolle aussehen«, flüstert Onno.

Elsa nickt. Sie sehen sich an und grinsen.

Als Papa schnaufend wieder in ihrem Zimmer ankommt, kichern Elsa und Onno immer noch.

»Was ist?«, keucht Papa.

»Papa, das waren doch nur Grasbüschel, oder?«, fragt Elsa zur Sicherheit.

Papa lacht. »Ihr Schlingel! Wenn ihr das schon gewusst habt, warum musste ich dann erst hinunterlaufen und all das Gras in den Fluss werfen?« Er lässt sich erschöpft auf Elsas Nest fallen.

Onno legt sich daneben. »Aber warum hast du uns nicht einfach gesagt, dass das Grasbüschel sind?«

Sein Papa steht auf, trägt Onno in sein eigenes Bett und deckt ihn gut zu. »Du glaubst es mir ja nicht, wenn ich sage, dass es keine Trolle gibt.«

Das stimmt. Aber jetzt ist Onno auf jeden Fall beruhigt und ganz schön müde. Bald fallen ihm die Augen zu.

Entdeckst du das Kuscheltier unter dem Monsternest?

In der nächsten Nacht scheint der Mond nicht sehr hell. Als Onno und Elsa kurz vorm Schlafengehen aus ihrem Turmfenster sehen, steht Elsa das grüne Fell zu Berge. »Dahinten – siehst du?«, wispert sie.

Onno nickt.

»Was ist denn da?«, fragt Papa, der jetzt auch aus dem Fenster schaut.

»Gespenster«, flüstert Onno. »Siehst du? Große Gespenster. Sie kommen ganz langsam auf uns zu und werden bis zu uns hochschweben – ich hab Angst!«

Papa brummt kurz, dann sagt er: »Wartet hier«, und flitzt los.

Wieder hören Onno und Elsa ihn die Stufen hinunterlaufen. Wenig später sehen sie ihn draußen auf dem Feld. Er hat einen langen Stock in der Hand, den er drohend herumschwenkt. Dabei hopst und hüpft er wie verrückt herum und brüllt wilde Sachen, die Onno und Elsa nicht verstehen können.

»Ich dachte eigentlich, das ist nur Nebel, der übers Feld wabert«, sagt Onno leise.

Als Papa zurückkommt, schauen die Kinder ihn neugierig an. »Hast du die Gespenster besiegt?«

Zeig doch mal, wie der Papa herumspringt!

Papa nickt. »Ich habe sie bezwungen, jetzt gehorchen sie mir. Sie spuken nur unten auf dem Feld und werden nicht bis zum Turm kommen.«

Onno und Elsa lachen. »Papa, das war nur Nebel, stimmt's?«

Papa grinst. »Ihr wisst ja schon alles! Dabei musste ich mich so anstrengen!«

Die kleinen Monster umarmen ihren Papa. »Du bist der beste Papa der Welt. Und der mutigste!«

An diesem Abend schlafen die kleinen Monster schnell ein.

Einen Abend später ist es schon wieder gruselig. Diesmal ist Papa noch unten in der Küche. Aber die kleinen Monster fürchten sich monstermäßig.
In dieser Nacht ist der Mond nicht zu sehen. Es ist unheimlich düster.
»Huu, gemeine Vampire, die durch die Luft fliegen«, flüstert Elsa. Ihr Finger zittert, als sie damit auf die dunklen Wesen zeigt, die am Himmel schweben.
»Ja, sie werden zu uns fliegen und durchs Fenster kommen«, sagt Onno so leise, dass Elsa ihn kaum noch hören kann.
Sie macht zwei Schritte rückwärts, vom Fenster weg. Dabei stößt sie sich den Fuß. Nanu, was liegt denn da auf dem Fußboden? Papas Taschenlampe! Elsa bückt sich und hebt sie auf.
»Onno, sollen wir mal ganz mutig sein?«, fragt sie.
Onno zieht die blauen Augenbrauen hoch. »So mutig wie Papa?«
Elsa nickt. »Wir schauen selber nach, was da oben wirklich fliegt.«
Dann richtet sie die Taschenlampe auf den Himmel und schaltet sie an.

Wovor fürchten sie sich wohl dieses Mal?

Wie viele Zehen hat denn so ein Monsterfuß?

»Es sind Wolken«, ruft Onno erleichtert. »Alles nur Wolken!«

»Hab ich's mir doch gedacht«, jubelt Elsa. Oh, wie gut es tut, mutig zu sein! Stolz knipst sie die Taschenlampe aus.

Als Papa an diesem Abend ins Monsterkinderzimmer kommt, ist es ganz still. Schlafen seine Lieben etwa schon? Da schaut Papa Monster aus dem Fenster. Nanu, wer läuft denn da über die Wiese? Papa blinzelt. Das sind doch seine Monsterkinder! Rasch läuft er die Treppe hinunter.

Als er unten ankommt, sind seine Kinder verschwunden. Doch als Papa an einem Busch vorbeiläuft, springen sie hervor und rufen: »Buh!« Papa erschrickt ganz fürchterlich.

»Wir spuken herum und verjagen alles, was uns erschreckt«, erklärt Onno.

Papa lacht. »Das habt ihr ganz bestimmt geschafft. Ihr habt ja sogar mich erschreckt! Jetzt aber ab ins Bett.« Liebevoll nimmt er seine beiden Fellknäuel auf den Arm und trägt sie in die Burg zurück. Er bringt sie in ihre Zimmer, legt sie in ihre Nester und deckt sie warm zu.

Hast du auch schon mal jemanden erschreckt?

»Heute wart ihr sehr mutig«, flüstert er und streichelt ihnen durch das Wuschelfell.

»Du aber auch«, sagt Elsa und gähnt.

»Morgen erschrecken wir Opa«, sagt Onno und kichert.

Dann sind die mutigen kleinen Monsterkinder eingeschlafen.

Von nun an haben sie abends keine Angst mehr. Und wenn sie sich doch einmal fürchten, schauen sie einfach nach. Alleine oder mit Papa. Denn im Ertappen und Verjagen von Gruselwesen sind sie einfach monstermäßig gut!

Monster-Helfer

Möchtest du zwei liebe kleine Monster haben, die dich abends beschützen? Dann bastle sie dir einfach!

Du brauchst
Ein Blatt Papier
Eine Schere
Stifte
Zwei Zahnstocher oder Schaschlikstäbchen
Klebeband

So wird's gemacht
Zeichne zwei Monster auf das Papier (krakelige Kreise mit Zacken geben tolle Monster ab!). Male sie bunt an und ergänze bei beiden Gespenstern Augen und Mund. Schneide die Monster aus und klebe jedem ein Holzstäbchen von hinten an. Nun kannst du mit deinen Monstern sprechen! Was erzählen sie dir von ihren Abenteuern?

Stück für Stück zum Hexenglück

Die kleine Hexe Pimpernella mochte nicht fliegen. Ihren Hexenbesen benutzte sie nur, um die Schultasche dranzuhängen, damit sie die nicht tragen musste.

»Pimpernella, heute ist Flugstunde«, erinnerte sie die Hexenlehrerin Fluxia.

»Leider nein«, sagte Pimpernella bedauernd. »Ich habe mir doch die Hand verknackst. Das hatte ich Ihnen letzte Woche schon gesagt.«

Fluxia lächelte. »Nein, Pimpernella, letzte Woche hattest du deinen Fuß verknackst. Die Woche davor war dein Besen kaputt, davor hattest du Schwindelanfälle und davor drei Mal Grippe. Liebe Pimpernella, heute ist Flugstunde. Und alles, was dich daran hindert, werde ich weghexen.«

Die kleine Hexe seufzte. Sie überlegte kurz, ob sie sich einfach davonschleichen und verstecken sollte, als Fluxia schmunzelnd murmelte: »Widerstand zwecklos. Ich habe meine Glaskugel schon auf dich eingestellt, ich finde dich überall, kleine Pimpernella.«

Pimpernella verdrehte die Augen. Wozu sollte sie denn fliegen lernen? Das war absolut unnütz – sie konnte doch laufen! Und Rad fahren und schwimmen und rennen und hüpfen … genügte das nicht? Fliegen – ts!

»Ich könnte ja vom Besen runterfallen«, brummte sie empört.

Pimpernella war keine ängstliche Hexe. Im Gegenteil. Sie konnte

Wo hat die kleine Hexe ihren Zauberstab versteckt? Findest du ihn?

Was denkst du, warum geht Pimpernella nicht zur Flugstunde?

Kennst du noch andere magische Dinge, die Hexen und Zauberer benutzen?

wilde Tiere verzaubern und kämpfte gegen die fiesen Wolkenschnapper. Aber Fliegen? Nee.

Widerstrebend trödelte sie am Nachmittag zur Flugstunde. Auf dem großen Sportrasen hinter der Schule war aber niemand.

Pimpernella hob erstaunt die Augenbrauen. Nur Fluxia kam aus der Schule und lächelte sie an.

»Da bist du ja!«, freute sie sich. »Die anderen machen einen Ausflug um die Drachenhügel. So haben wir beide viel Zeit zum Üben.«

Pimpernella schluckte. Oje, so konnte sie sich überhaupt nicht unbemerkt davonschleichen!

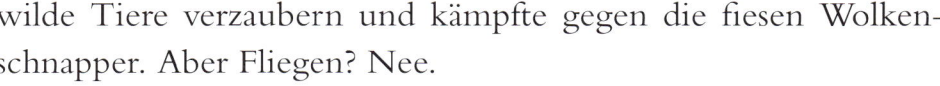
Wohin hast du schon einmal einen Ausflug gemacht?

Fluxia griff nach Pimpernellas Besen. »Tja, die anderen können schon viel mehr. Aber du schaffst das auch, Pimpernella. Ich bin ganz sicher. Du brauchst nur ein bisschen Mut.«

Die kleine Hexe runzelte die Stirn. »Aber ich *bin* mutig!«, sagte sie beleidigt.

»Mutig bist du nicht, wenn du etwas tust, vor dem andere Angst haben«, erklärte die Lehrerin. »Mutig bist du nur, wenn du etwas tust, vor dem du selbst Angst hast.«

Pimpernella hob erstaunt die Augenbrauen.

Staune mal kräftig mit!

Fluxia lächelte. »Deine Angst vorm Fliegen ist so groß, dass du viel zu viel Mut dafür brauchst. Deshalb fangen wir mit etwas an, vor dem du keine Angst hast.«

Das hörte sich gar nicht so übel an, fand Pimpernella.

»Kannst du Fahrrad fahren?«, fragte Fluxia.

Die kleine Hexe lachte. »Natürlich kann ich Fahrrad fahren!«

Fluxia hielt ihr den Besen hin. »Setz dich drauf und halt dich fest – aber lass die Füße auf dem Boden.«

Pimpernella gehorchte.

»Nun lauf einfach mit dem Besen herum – wie mit einem Laufrad!«, riet Fluxia.

Pimpernella kam sich doof vor. Laufrad! Sie war doch kein Baby mehr! Aber sie versuchte es. »Komm, Besen, hilf«, flüsterte sie und spürte, wie der Besen leicht vibrierte. Ohne in die Luft aufzusteigen, hielt er Pimpernella immer in der gleichen Höhe. Sie brauchte nur die Beine vor und zurück zu schwingen. Und siehe da – es fing an, Pimpernella Spaß zu machen!

»Hui – das ist witzig«, rief sie. »Warum habe ich das nicht schon früher probiert?«

Sie drehte eine Runde um die Schule – und auf einmal lief Fluxia auf ihrem eigenen Besen neben der kleinen Hexe her. Sie liefen um die Wette. Doch dann hob Fluxia ihre Füße ein wenig vom Boden und flog. Sie wurde schneller. So flink konnte Pimpernella aber ihre Beine nicht bewegen. Also hob sie sie ganz vorsichtig und nur ein klein wenig an. Und dann flitzte sie Fluxia hinterher. Ganz nah über dem Boden natürlich. Doch nanu? Plötzlich war die Lehrerin verschwunden.

Setze dich rittlings auf einen Stuhl und schwinge deine Beine wie Pimpernella.

Pimpernella zuckte mit den Schultern und ging heim. Offenbar war die Flugstunde zu Ende. Das reichte wohl auch für einen Tag!

Von nun an fiel es der kleinen Hexe sehr schwer, zur Schule zu gehen. Ihr Besen flog mit der Schultasche neben ihr her. Zu gern hätte Pimpernella sich daraufgesetzt und wäre losgelaufen, aber sie genierte sich. Zur Schule laufradeln, das war ihr zu blöd.

Aber kaum war sie zu Hause, übte sie. Hinterm Haus konnte sie keiner sehen. Lauf – lauf – lauf – Beine hoch! Und wieder: lauf – lauf – lauf – Beine hoch! Gut ging das!

Pimpernella konnte die nächste Flugstunde kaum erwarten. Diesmal wollte Fluxia sie am See treffen, während die anderen einen langen Flugausflug machten. Doch am See entdeckte Pimpernella Fluxia nicht, bis ihr Blick auf das alte Häuschen fiel, das am Ufer stand. Ganz oben auf dem Dach wartete ihre Lehrerin.

»Hallo, Fluxia, was tust du da oben?«, fragte Pimpernella.

Fluxia deutete auf die Leiter, die an das Dach gelehnt war. Pimpernella kletterte langsam hinauf. »Willst du, dass ich von hier oben losfliege? Das ist viel zu hoch für mich!«, sagte sie misstrauisch.

Ihre Lehrerin lächelte. »Aber nein, Pimpernella! Wir beide haben jetzt Spaß.« Sie tippte mit dem Zauberstab in die Luft, und im Nu trugen sie beide Badeanzüge. Dann legte sie den Zauberstab beiseite. »Den brauchen wir jetzt erst mal nicht mehr«, sagte sie. »Du magst doch bestimmt Wasserrutschen?« Fluxia sah Pimpernella neugierig an.

Magst du auch gern rutschen? Bist du schon einmal ins Wasser gerutscht?

Während Pimpernella noch verwundert nickte, schwang sich Fluxia auf ihren Besen, sauste das Dach hinab und landete mit einem lauten Platscher im See. Die kleine Hexe lachte. »Das will ich auch!«, sagte sie und sauste los. Platsch! Sie prusteten und lachten. Dann rutschten sie gleich noch einmal. Beim dritten Mal hob Fluxia ihren Besen kurz überm Wasser vorne an und sauste ein Stück über den See, bevor sie sich hineinfallen ließ. Natürlich probierte Pimpernella es auch gleich mal aus. Und ohne es zu merken, flog sie bald über den ganzen großen See. Einfach so, ohne Angst!
Pimpernella drehte sich lachend zu Fluxia um. Doch sie konnte die Lehrerin nirgends entdecken. Wo war sie denn nur?
»Hilfe!«
Pimpernella blickte nach oben. Ach herrje. Dort steckte Fluxia! Ein fieser Wolkenschnapper hatte sie gegriffen und zog sie mit sich nach oben. Oje. Er würde Fluxia sicher den ganzen Tag herumwirbeln, bevor er sie wieder freiließ!

Kannst du den Wolkenschnapper sehen?

Ohne nachzudenken, lenkte Pimpernella ihren Besen in den Himmel hinauf. Sie musste ihre Lehrerin retten! Zum Glück hatte sie keine Angst vor Wolkenschnappern!

Vorsichtig ließ Pimpernella den Besen mit einer Hand los, um ihren Zauberstab aus ihrem Zopf zu ziehen. Der Besen wackelte ein wenig, dann beruhigte er sich.

Pimpernella schwang den Stab und murmelte: »Warm, wärmer, heiß – schmilz nun, watteweiß!« Ein grüner Blitz zuckte aus ihrem Stab und traf den Wolkenschnapper an der Seite. Sogleich begann er, kleiner zu werden. Ein Regenschauer prasselte aus ihm heraus. Der Wolkenschnapper lachte, denn das kitzelte fürchterlich – und ließ Fluxia dabei los.

Die Fluglehrerin stürzte ab.

»Fluxia!«, rief Pimpernella erschrocken.

Doch Fluxia gelang es, den Besen zu drehen und mit einer wackeligen Landung auf dem Boden neben dem See aufzukommen. Pimpernella flog hinab und landete ebenfalls im Gras – allerdings etwas holprig.

Was für ein lustiger Hexenspruch! Magst du ihn einmal aufsagen und dazu deinen Zauberstab schwingen?

Fluxia lachte erleichtert. »Gute Landung fürs erste Mal«, lobte sie und half Pimpernella auf die Füße. Dann umarmte sie die kleine Hexe. »Ich danke dir, Pimpernella!«

»Geht es dir gut?«, fragte Pimpernella rasch.

Fluxia nickte eifrig. »Dank dir. Du hast dem Schnapper tüchtig eingeheizt!«

Pimpernella wurde rot vor Freude.

»Und du bist sehr hoch geflogen! Hast du das überhaupt gemerkt?«

Pimpernella nickte. Natürlich hatte sie das bemerkt. Sie grinste. »Es hat sogar richtig Spaß gemacht!«

Da lachte Fluxia ihr herrliches Hexenlachen – und Pimpernella lachte mit.

Später jagten sie sich gegenseitig durch die Wolken, bis diese platzten und es im ganzen Wald regnete. Sie übten Saltos und Über-Kopf-Fliegen, Zickzack-Schwünge und Auf-der-Stelle-Schweben. Es dauerte nicht lange, bis Pimpernella alles gelernt hatte, was Fluxia auch konnte. Sie wurde eine richtig wilde Flughexe. Und wenn ihr Bauch noch einmal kribbelte, dann vor lauter Spaß und nicht mehr vor Angst.

Ui, es blitzt ja auch! Wie viele Blitze zählst du?

Dein magischer Glitzer-Flugbesen

Du weißt natürlich, dass man mit einem super Flugbesen auch super fliegen kann. Also bastle dir rasch einen!

Du brauchst
Einen Kinder-Regenschirm (oder einen Ast / Stock)
Alufolie
Stoffreste oder Krepppapier

So wird's gemacht
Wickle zunächst Alufolie um den ganzen Schirm (oder Ast), bis er von oben bis unten silbern glänzt. Schneide nun das Krepppapier in Streifen oder reiße den Stoff zurecht. Diese bunten Flatterbänder bindest du an den Schirmgriff (bzw. das Astende). Schon kann es losgehen: Fliege, bis die Bänder flattern!

Die Mutprobe

Erzähl mal, was du überhaupt nicht magst.

Moritz saß zusammengesunken am Küchentisch und stocherte auf seinem Teller herum. Rosenkohl und grobe Bratwurst. Gab es überhaupt etwas Ekligeres?
»Moritz, jetzt iss bitte. Das ist gesund«, sagte Mama.
Moritz seufzte. »Ich mag das aber nicht.«
Papa pikte zwei Rosenkohl-Bällchen auf seine Gabel. »Jetzt hast du nur noch drei. Die wirst du ja wohl schaffen. Sei tapfer!«
Verzweifelt starrte Moritz auf die grünen Bällchen. Er wollte nicht tapfer sein!

Zum Glück klingelte es in diesem Moment an der Haustür. Mama stand auf, und Papa sah ihr nach. Moritz nutzte die Gelegenheit und ließ die Bällchen rasch in ein Taschentuch kullern, das er unterm Tisch auf seine Knie gelegt hatte.

Als Papa sich wieder umdrehte, schaute er wohlwollend auf die Rosenkohlreste und nahm dann schnell die Bratwurst von Moritz' Teller. »Als Belohnung!«, sagte er augenzwinkernd und futterte die Wurst rasch auf.

Hier könnten noch mehr Sachen klingeln. Welche?

»Moritz!«, hörte er Mama von der Tür rufen. »Ben ist hier, er will mit dir spielen. Wenn du aufgegessen hast, kannst du los!« Wie der Blitz war Moritz draußen. Bloß nicht noch mehr Rosenkohl!

Ben und Moritz flitzten mit ihren Rädern zum Spielplatz nebenan. Sie kletterten in die Vogelnestschaukel und schaukelten, so hoch sie konnten. Darin waren sie wirklich Meister!

Doch dann kam Lasse. Lasse war blöd. Er war drei Jahre älter als Ben und Moritz und sehr stark. Vor allem ärgerte er andere gern. Ein richtiger Blödmann also. Seinen Freund Leon hatte er auch noch dabei.

Hast du schon einmal in so einer Schaukel gesessen?

»Runter da, ihr Knirpse, jetzt sind wir dran!«, rief Lasse und rüttelte an den Seilen.

Ben sprang sofort hinunter.

»Wir waren aber zuerst da«, traute Moritz sich zu sagen.

»Na und?«, sagte Lasse und gab ihm einen Schubs.

Aber Moritz fiel nicht runter. Er stand immer noch auf der Schaukel.

»Willst du dich prügeln?«, fragte Lasse wütend. »Du schwacher Winzling. Hau ab!«

Zeig mal, wie fest Moritz steht. Bleibst du stehen, wenn dein Vorleser dich etwas anstupst?

Leon lachte.

Aber Moritz hatte plötzlich Mut. »Nein, ich hau nicht ab.«

Ben schaute seinen Freund erschrocken an.

Lasse wurde zornig. »Du willst wirklich Ärger, was?«

»Ich will eine Mutprobe«, sagte Moritz. »Wer gewinnt, darf auf die Schaukel. Und weil wir zuerst hier waren, dürfen wir bestimmen, was wir machen.«

Lasse grinste breit. »Und du glaubst also, es gibt irgendetwas, das du besser kannst als ich? Dass du mutiger bist?«

Moritz zuckte mit den Schultern. »Lass dich überraschen. Wir treffen uns gleich wieder hier.«

Lasse war einverstanden.

»Spinnst du?«, fragte Ben, als sie heimfuhren. »Lasse hat vor gar nichts Angst. Was willst du denn machen? Auf dem Dach balancieren? Irgendwo runterspringen? Mit ihm Armdrücken machen? Der ist doch viel stärker!«

Moritz grinste nur. Er weihte Ben flüsternd in seinen Plan ein. Nun grinste auch Ben. »Das könnte tatsächlich klappen«, meinte er.

Bei Moritz daheim bereiteten sie alles vor. Sie radelten auch noch zu Ben und besorgten etwas. Voll bepackt mit einem großen Korb fuhren sie zurück zum Spielplatz. Doch was war das? Moritz erschrak. Zwischen Schaukeln und Turnstangen standen nun viel mehr Kinder – und alle starrten Moritz und Ben neugierig an.

Lasse wartete neben der Vogelnestschaukel auf sie. »Na, so was!

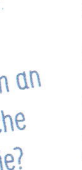

Moritz hat Fähnchen an seinem Rad. Welche Farben haben sie?

Ich habe erwartet, dass du kneifst«, sagte er, und die Kinder um ihn herum lachten. »Schau mal, wer noch alles zugucken will. Die wollen mich alle anfeuern.« Er beugte sich vor. »Und außerdem ist es schöner, wenn die anderen mit mir über euch lachen.«

Moritz' Magen drehte sich, und ihm wurde sehr mulmig zumute. Doch dann erinnerte er sich an seinen Plan und erklärte: »Die Mutprobe besteht darin, dass wir eklige Dinge essen. Wer das essen kann, ohne es wieder auszuspucken, hat gewonnen!«

Lasse lachte dröhnend. »Jau, gute Idee! Was hast du dabei? Regenwürmer und Schnecken?«

Moritz und Ben breiteten eine Picknickdecke aus. Bens Hände zitterten, aber Moritz blieb ganz ruhig.

»Ach je, wie nobel«, lästerte Lasse.

Moritz verteilte zwei Teller, zwei Gabeln und zwei Flaschen Wasser

Kannst du auch im Schneidersitz sitzen?

Was gibt es bei deiner Oma immer zu essen?

zum Nachspülen auf der Decke. Dann setzte er sich im Schneidersitz vor den Teller. Lasse tat es ihm nach. Um sie herum rückten die anderen Kinder näher und schauten neugierig auf Ben und den Picknickkorb.

Ben nahm drei Brotdosen heraus und öffnete sie nacheinander. Doch was war das? Da lagen gar keine Insekten! Ben legte auf jeden Teller mehrere Rosenkohlbällchen und den wabbeligen Speckrand eines Schweinebratens. Dazu ein unappetitliches Stückchen glitschige Sülze, die Ben von seiner Oma geholt hatte.

Lasse starrte auf die Teller. »Was ist das denn?«

»Rosenkohl, Schweineschwarte und Sülze«, antwortete Moritz und begann in aller Seelenruhe zu essen.

»Was soll der Mist? Das ess ich nicht«, rief Lasse. »Ich ess so was nie. Muss ich auch nicht. Ich kriege immer Pizza und Pommes.«

Moritz lächelte kurz, dann spießte er einen Rosenkohl auf und

steckte ihn in den Mund. Wie gut, dass er es gewohnt war, von diesen Dingen zumindest ein bisschen zu essen! Lasse schüttelte sich und sah ihn angeekelt an. Auch die umstehenden Kinder wichen zurück. Doch sie riefen: »Na los, Lasse, sei kein Frosch!«
Lasse angelte mit der Gabel nach einem Rosenkohl. Er spießte ihn zaghaft auf. Doch dann rammte er die Zinken plötzlich ganz schnell in mehrere Bällchen und stopfte sie in seinen Mund. Dabei starrte er auf Moritz, der gelassen noch einen Rosenkohl in den Mund nahm und ihn zerkaute. Da musste Lasse würgen. Er sprang auf und versuchte noch, den Rosenkohl zu schlucken, doch er schaffte es nicht und spie die grünen Bällchen
hinter den nächsten Busch.

Wie viele Rosenkohlbällchen haben sie denn?

»Iih!«, riefen die anderen Kinder lachend und sprangen zurück.
Lasse wischte sich den Mund ab. »Das ist eine bescheuerte Mutprobe!«, brüllte er. »Das hat ja mit Mut nix zu tun!«
»Doch«, rief sein bester Freund Leon und lachte. »Sorry, Lasse, aber der Zwerg ist echt viel cooler als du!«
Die anderen Kinder gaben ihm recht.
Moritz grinste und sah zu Lasse herüber.
Der sah ganz schön grimmig aus. Moritz dachte einen Moment lang, er wolle ihn jetzt doch noch verprügeln, aber da musste Lasse plötzlich auch lachen. »Verdammt, wie machst du das bloß?«, rief er, und Moritz sah, dass Lasse ihn bewundernd anschaute. »Hätte ich dir gar nicht zugetraut, du Zwerg.« Er boxte ihn anerkennend gegen den Arm. Das tat zwar ganz schön weh, aber Moritz ließ sich nichts anmerken.
»Wir haben gewonnen, also können wir in dem Nest weiterschaukeln«, sagte er bestimmt.
Lasse grinste. »Na gut, ihr Minis. Ich muss sowieso nach Hause und irgendwas Vernünftiges essen.«

Was würdest du für diese Mutprobe zusammenpacken?

Moritz und Ben räumten noch rasch die Picknicksachen wieder zusammen. Vor allem die Sülze packte Moritz schnell zurück, denn er war heilfroh, dass er die nicht wirklich hatte essen müssen. Rosenkohl und Schweinebraten war er von zu Hause gewohnt, aber Sülze? Da kam Ben und griff grinsend danach. Er steckte sie sich in den Mund. Nun musste Moritz fast selbst würgen. Ben sah es und kicherte. »Das bleibt unter uns!«, versprach er.
Moritz nickte. »Wir sind halt die Coolsten«, sagte er und klatschte Ben ab. Dann liefen sie Arm in Arm zur Vogelnestschaukel.

Klatsch einmal mit deinem Vorleser ab!

Mutprobe für Große und Kleine

Wie mutig bist du? Und wie mutig sind Mama oder Papa? Oder Oma und Opa? Probier es aus!

Du brauchst

Mehrere Kaffeelöffel

Lauter kleine Naschereien, z. B. Gurken, Äpfel, Käse, Trauben, Wurst, Nüsse, Brot – und natürlich auch etwas Schokolade und Gummibärchen

Ein Tuch zum Augenverbinden

So wird's gemacht

Schneidet gemeinsam kleine Stückchen zurecht und legt alles bereit. Wer traut sich? Der bekommt die Augen verbunden. Nun legst du eine kleine Rascherei auf einen Löffel und drückst ihn dem Mutigen in die Hand. Errät er, was er da isst? Und findet er es lecker oder eklig? Nach zwei oder drei Löffeln bist du dran.

Ihr könnt die Mutprobe schwieriger machen, indem ihr Dinge auf die Löffel legt, die nicht so lecker sind, z. B. ein paar Krümel Salz, etwas Essig, Mehl, einen Miniklecks Senf etc. Wer traut sich nun noch, ohne zu schauen den Löffel in den Mund zu nehmen?

Der kleine Wassermann und die fiese Dunkelheit

Der kleine Wassermann schwamm pfeilschnell durch die Felsen hindurch. Er schaute vorsichtig hinter den großen Stein. »Ich hab dich!«, rief er lachend.

Der Seestern löste sich beleidigt von der dunklen Fläche ab. »Menno, immer findest du mich zuerst«, quengelte er und ließ sich in den Sand plumpsen.

Der kleine Wassermann flitzte weiter. Er musste noch den Tintenfisch finden! Aber das war nicht so schwer. Der kleine Wassermann wusste, dass er sich im alten Wrack versteckte. Langsam glitt er in das dunkle Schiff. Er gruselte sich. Hier war es so finster! Da griff ihn von der Seite etwas an. »Ahh!«, schrie der Wassermann und schnellte zurück ins Helle. Dort entdeckte er, dass es natürlich der Tintenfisch war, der sich an seinen Hals klammerte. »Du doofes

Hier sind noch mehr Tiere versteckt – findest du sie?

Tintenfass«, schimpfte der Wassermann. »Ich hätte tot sein können vor Schreck!«

Der Tintenfisch lachte. »Du bist so ängstlich wie ein Zitteraal, echt!« Er schoss eine dunkle Tintenwolke heraus, die den Wassermann umhüllte. Das machte er ständig.

»Lass das!«, meckerte der kleine Wassermann.

»Im Dunkeln hat jeder Angst«, meinte der Seestern. »Es ist unheimlich, wenn man Sachen hört, aber nichts sehen kann.«

Zittere einmal wie ein Zitteraal!

Wie viele Arme hat der Tintenfisch? Zähle mal!

Der Tintenfisch winkte mit einem Arm. »Kommt, wir tauchen im Schiff herum. Das ist so schön gruselig.«

Der kleine Wassermann traute sich nicht, zuzugeben, wie sehr er sich im Wrack fürchtete. Also folgte er den anderen ins Innere des Schiffes. Es war wirklich dunkel, aber es machte auch ein bisschen Spaß, zu dritt darin herumzuschwimmen. So merkten sie gar nicht, dass es draußen dunkel geworden war. Als sie schließlich aus dem Wrack herausschwammen, schimpfte der Seestern: »Tinti, hör doch mal auf mit dem Tintespritzen, ich kann gar nichts mehr sehen.«

»Ich mache doch gar nichts«, erwiderte der Tintenfisch.

Nun merkten sie, dass es Nacht geworden war im Meer.

»Oje, das gibt Ärger zu Hause«, meinte der Seestern besorgt.

»Wenn wir überhaupt bis nach Hause kommen!«, flüsterte der kleine Wassermann ängstlich. Auch der Tintenfisch war nun kleinlaut. »Ich kann gar nichts sehen«, wisperte er. »Autsch!« Er hatte sich an einem Felsen gestoßen.

Langsam tasteten sich die drei über den Meeresboden. »Gut, dass wir zu dritt sind«, fand der kleine Wassermann. Das fanden die anderen auch.

»W-w-was ist das?«, stotterte der Seestern plötzlich. »Ein L-L-Licht. Es kommt auf uns zu! Es will uns fressen!«

Das Licht näherte sich sehr schnell. Die drei Freunde klammerten sich aneinander. Dann rief der Tintenfisch: »Das ist mein Onkel! Onkel Toyama!«

»Dein Onkel ist 'ne Taschenlampe?«, fragte der kleine Seestern erstaunt.

Hast du auch einen Onkel? Spielt er manchmal mit dir?

»Nein, aber ein leuchtender Tintenfisch!« Der kleine Tintenfisch schwamm ihm entgegen.
Tatsächlich, es war ein Tintenfisch, der im dunklen Meer hell strahlte.

»Hallo, ihr drei«, brummte Onkel Toyama. »Na, ihr habt euch wohl im Meer verschwommen? Eure Eltern und ich suchen euch schon eine Weile. Was für ein Glück, dass ich gerade jetzt zu Besuch aus Japan da bin und euch den Weg nach Hause leuchten kann!«
Das fanden die drei Meereskinder auch. Ganz nah schwammen sie neben dem leuchtenden Onkel her, bis nach Hause.
»Da seid ihr ja!«, rief Mama Wassermann erleichtert. »Oje, ich glaube, wir müssen dringend mit euch das Schwimmen im Dunkeln üben.«
Der kleine Wassermann lachte. »Aber nur, wenn Onkel Toyama mitschwimmt! Dann ist die Dunkelheit gar nicht so schlimm!«
Ja, manchmal braucht man nur eine kleine Hilfe, um die Angst zu bezwingen.

Hast du schon einmal einen Spaziergang im Dunkeln gemacht? War das gruselig?

Ich sehe nichts!

Es ist für die meisten Menschen wirklich seltsam und sogar gruselig, wenn sie gar nichts sehen. Wie wäre es mit einem Versuch zu zweit?

Du brauchst
Ein Tuch, um die Augen zu verbinden

So wird's gemacht
Lass dir die Augen verbinden – aber wirklich so, dass du gar nichts mehr siehst. Nun versuchst du, durch eure Wohnung zu gehen. Dein Mitspieler passt dabei gut auf, dass du nicht fällst oder dich stößt. Sei vorsichtig! Taste mit den Händen und den Füßen. Findest du den Weg bis ins Badezimmer? Versuche auch einmal, etwas ohne zu sehen zu erledigen – wasch dir die Hände oder hol dir einen Apfel aus der Küche!

Willi macht's anders!

Der kleine Waschbär Willi mag nicht schwimmen.
Seine Eltern finden das fürchterlich. »Waschbären schwimmen nun einmal. Das machen wir schon immer. Das gehört sich so. Nun komm endlich.«
Willi möchte aber nicht.
»Jetzt komm halt!«, ruft sein Bruder Vincent, als die Familie am Wasser Fische fängt.
Nein, Willi will nicht. Er sucht sich lieber

einen kleinen Käfer zum Fressen. Manchmal balanciert er auch auf den Steinen im Wasser und versucht von dort, mit den Pfoten eine Forelle zu schnappen. Das klappt erstaunlich gut!

Wie viele Fische schwimmen im Wasser?

An einem schönen Frühlingstag machen sich alle auf zu einem besonders guten Fischfangplatz. Leider liegt er auf der anderen Seite des breiten Flusses. »Nun komm schon«, ruft Vincent. »Du kannst doch schwimmen.«

»Ich weiß«, sagt Willi. »Aber ich MAG nicht. Es macht mir keinen Spaß. Und man wird so schrecklich nass.«

Willi schaut auf den Fluss. Leider liegen nicht genügend Steine im Wasser, über die er auf die andere Seite kommen könnte. Wie kann er nur zum anderen Ufer kommen? Seine Eltern und Geschwister sind schon fast dort. Da entdeckt Willi einen langen Ast an der großen Eiche. Er reicht fast ganz über den Fluss. Auf der anderen Seite berührt er beinahe einen anderen Ast vom Baum gegenüber. Und nun hat Willi eine tolle Idee.

Flink, wie Waschbären nun mal klettern können, erklimmt Willi die Eiche.

Willi, du schaffst das! Magst du ihn anfeuern?

»Willi, was tust du denn da? Komm jetzt her!«, ruft seine Mutter. Willi winkt ihr kurz zu. Dann beginnt er, auf den Ast zu krabbeln. Das geht gut!

»Nicht, lass das, Willi. Das ist gefährlich«, ruft sein Vater. »Hier unten liegen spitze Steine. Wenn du darauf fällst …«

Doch Willi kann gut klettern. Er tapst weiter vor … bis er plötzlich ausrutscht. Der Ast war nass!

»Willi!«, kreischt seine kleine Schwester.

Willi dreht sich, doch er klammert sich mit den Pfoten fest – Glück gehabt! Nun hängt er kopfüber am Ast. Sein kleines Waschbärenherz klopft ganz schnell. Aber er hangelt sich weiter. Leider senkt sich der Ast immer tiefer, je weiter der kleine Waschbär vorwärtskommt. Was soll er nur machen?

Da hopst Vincent auf den Ast gegenüber. Er streckt seine Hand aus und ruft: »Los, Willi. Spring!«

Leg deine Hand auf dein Herz – kannst du es fühlen?

Der kleine Waschbär schaut ihn an. Dann holt er Schwung und – hepp! – springt seinem Bruder entgegen.
Vincent hält ihn fest.
»Gut gemacht, Brüderchen!«, lobt er.
Willi strahlt.
Doch seine Eltern schimpfen vor Schreck. »Das war gefährlich. Das

Kennst du noch andere Tiere, die schwimmen können?

gehört sich nicht für einen Waschbären! Waschbären schwimmen. Das war schon immer so!«

Willi schüttelt den Kopf. »*Ich* mache es aber anders. Man muss auch mal mutig sein und etwas Neues ausprobieren.«

Da müssen seine Eltern lächeln. Sie umarmen ihn und geben ihm lauter nasse Waschbärenküsse auf die kleine schwarze Nase.

Seine Geschwister möchten auch etwas Neues ausprobieren. Deshalb klettern von nun an alle Waschbärenkinder oft über die Äste. Manchmal schwimmen sie auch. Nur Willi nicht. Er mag eben nicht schwimmen. Er ist anders. Und das ist mutig.

Gibt es auch etwas, das du anders machst als deine Familie oder Freunde?

 ## Wo wilde Waschbären wohnen

Klettern kannst du sicher auch sehr flott. Und wie ist es mit deiner Zunge, ist die flink? Unten stehen kleine Zungenbrecher, die man kaum richtig aussprechen kann. Schaffst du es?

Du brauchst
Geduld ☺

So wird's gemacht

Wir Waschbären wohnen im wilden Wald.
Im wilden Wald wohnen wir Waschbären.

Und hier für eure Vorleser ein ganz schwieriger – da lacht ihr euch kaputt!
Wenn matschige Waschbärtatzen klatschen,
wird der Matsch beim Klatschen patschen.

10 Tipps zum Vorlesen

1 **Es sich gemütlich machen.** Schaffen Sie für sich und Ihren kleinen Zuhörer eine entspannte Situation. Bauen Sie zum Beispiel eine eigene Kuschelecke mit Decken, Kuscheltieren und ganz vielen Kissen.

2 **Vorlesen als Ritual.** Rituale vermitteln Kindern Sicherheit, Struktur und Geborgenheit. Machen Sie das Vorlesen zu einem Wohlfühlritual – die Tageszeit ist dabei ganz egal. Wichtig ist aber, dass das Ritual ernst genommen und eingehalten wird.

3 **Noch eine Geschichte!** Lassen Sie ruhig mal Ihr Kind eine Geschichte aussuchen. Die kleinen Bilder im Inhaltsverzeichnis helfen ihm dabei.

4 **Noch mal!** Auch wenn Abwechslung wichtig ist: Kinder lieben Wiederholungen. Sie hören ihre Lieblingsgeschichte gerne ein drittes, viertes oder fünftes Mal.

5 **Haben Sie Spaß beim Vorlesen.** Und Mut zur Schauspielerei. Lassen Sie den grimmigen Riesen mit tiefer Stimme grollen und schimpfen. Das Mäuschen kann hoch und ängstlich sprechen und die Schlange sanft und schmeichelnd. Ein paar Patzer sind da überhaupt nicht schlimm.

6 **Vorlesen heißt, sich Zeit zu nehmen.** Lesen Sie den Text in Ruhe vor und machen Sie Pausen. Dann kann Ihr Kind nachfragen, wenn es etwas nicht versteht. Die roten Fragen am Rand bieten Gesprächsanlässe und regen Ihr Kind an, eigene Gedanken zu äußern.

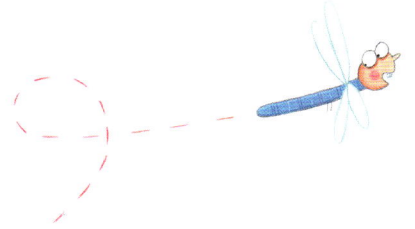

7 **Mehr als Zuhören.** Beziehen Sie Ihr Kind immer wieder spielerisch in die Geschichte ein. Vielleicht kann es der Hexe bei ihrem Zauberspruch helfen oder den Ritter bei seinem Wettrennen anfeuern. Die grünen Ideen am Rand zeigen Ihnen, an welchen Stellen der Geschichte Ihr Kind mitmachen kann.

8 **Kein Vorlesen ohne Bilder.** Schauen Sie sich beim Vorlesen gemeinsam mit Ihrem Kind die vielen tollen Bilder an. Oft gibt es noch etwas Spannendes zu entdecken. Die blauen Fragen verraten Ihnen, wo.

9 **Im Gespräch bleiben.** Mit dem Zuklappen des Buchdeckels muss das Vorlesen nicht vorbei sein. Sprechen Sie mit Ihrem Kind über das Gelesene. Wie fühlen sich wohl die Figuren aus dem Buch? Hat Ihr Kind schon einmal eine ähnliche Situation erlebt?

10 **Eine Geschichte kann noch mehr!** Denken Sie sich zusammen mit Ihrem Kind doch mal ein ganz anderes Ende für die Geschichte aus, oder lassen Sie es ein Bild von der hübschen Prinzessin malen. Zu jeder Geschichte finden Sie dazu eine passende Aktionsidee zum Basteln, Malen, Kochen oder Spielen.

Sandra Grimm wurde 1974 in einem kleinen norddeutschen Dorf geboren. Später trieb sie das Fernweh in verschiedene Städte, um Diplompädagogik zu studieren und zu arbeiten. Dabei hat sie unzählige spannende Geschichten gesammelt und viele tolle Kinder kennengelernt. Vor einigen Jahren zog es sie zurück nach Norddeutschland, wo sie jetzt mit ihrem Mann und ihren drei Söhnen lebt. Am liebsten sitzt sie in ihrer kleinen Butze unterm Dach und schreibt und schreibt und schreibt – über zweihundert Bücher hat sie inzwischen veröffentlicht, und es kommen stets neue hinzu, mit Geschichten für große Kinder und kleine, laute und leise, zappelige und ruhige, mutige und schüchterne …

Katrin Oertel, 1979 geboren, hat ihr Studium an der Fachhochschule für Design in Münster mit dem Schwerpunkt Buchgestaltung und -illustration, erfolgreich abgeschlossen. Seit 2006 arbeitet sie als selbstständige Illustratorin, Grafikerin und Autorin für nationale und internationale Verlage. An ihrem Arbeitsplatz, in einem kleinen, inspirierenden Fachwerkhäuschen am Rande von Münster, entstehen ihre fröhlichen, witzigen und manchmal frechen Arbeiten. Sie lebt dort zusammen mit ihrem Mann und ihrem Hund.

Spring hinein in die Geschichte!

Sandra Grimm
*Fantastische Vorlesegeschichten –
Hexen, Drachen, Zauberer*
Einband und farbige Illustrationen
von Stephan Pricken
Ab 4 Jahren · 80 Seiten · ISBN 978-3-7707-2647-9

Wo würdest du einen Schatz verstecken? Entdeckst du Robertas Zauberstab? Sing ganz leise mit, das hilft dem armen Monster! Diese und viele weitere Mitmach-Ideen finden sich in diesem Buch. Da geht es um kleine Drachen, schusselige Hexen und vieles mehr. Der Vorleser kann individuell auswählen, welche Mitmach-Idee er für das Kind für geeignet hält. Aber natürlich macht jede der Geschichten auch ohne dieses Plus Spaß.

Weitere Informationen unter **www.ellermann.de**

Alles rund ums Thema Vorlesen!

Auf **www.ellermann.de/vorlesen** finden Sie weitere tolle Bücher, Tipps und Ideen. Wir wünschen Ihnen viel Spaß beim Surfen und Vorlesen.